Angelika Wolf
Wahre Liebe bleibt

Wahre Liebe bleibt

Angelika Wolf

Impressum

Bibliografische Information der Deutschen Nationalbibliothek:
Die Deutsche Nationalbibliothek verzeichnet diese
Publikation in der Deutschen Nationalbibliografie;
detaillierte bibliografische Daten sind im Internet
über http://dnb.dnb.de abrufbar.

Die automatisierte Analyse des Werkes, um daraus
Informationen insbesondere über Muster, Trends und
Korrelationen gemäß §44b UrhG („Text und Data Mining")
zu gewinnen, ist untersagt.

© 2025 Angelika Wolf
Korrektorat: Marion Seidl

Verlag:
BoD · Books on Demand GmbH, Überseering 33,
22297 Hamburg, bod@bod.de
Druck:
Libri Plureos GmbH, Friedensallee 273, 22763 Hamburg

ISBN: 978-3-8192-9841-7

Für meine Eltern

Vorwort

Ich möchte Sie dazu einladen, den Mut zu haben durch das Tal der Tränen zu gehen. Schmerz muss man zulassen, nur so kann man ihn heilen.

Man geht emotional durch die Hölle, weil man das, was für einen der Himmel auf Erden war, verloren hat. Doch irgendwann wird einem bewusst, dass man zwar den Menschen verloren hat, aber so viel von ihm geblieben ist.

Alles, was ihn ausgemacht hat.

Alles, war er uns gelehrt oder für unser Leben mitgegeben hat.

Alles, was wir mit ihm durchlebt haben.

All die Erinnerungen an die gemeinsame Zeit.

All das, warum wir diesen Menschen so lieben und jetzt so schmerzlich vermissen.

Aber tragen wir nicht all das in unserem Herzen, unserer Seele?

Ist es nicht die Liebe, die wir immer noch spüren? Die Liebe wird bleiben, denn Liebe ist unsterblich. Und solange wir voller Liebe an diesen Menschen denken, wird auch immer ein Teil von ihm bleiben.

Für mich, die ich meine liebsten Menschen schon verloren habe, ist das ein großer Trost. Ich hoffe, dass Sie es eines Tages ebenso empfinden können.

Herzlichst
Angelika Wolf

Doch bleibt die Erinnerung

Kalt weht der Wind, die Blätter fallen zur Erde.
Besinn dich, bevor es für immer dunkel werde.
Gelassen denk zurück im Angesicht des Sterbens,
ob du erkannt das wahre Glück in deinem Leben.

Besinn dich, es eilt die Zeit,
nicht fern ist dir die Ewigkeit.
Der Tag sinkt in die Nacht nun nieder
und niemals kehrst du wieder.

Was hast du im Leben vollbracht?
Hast du auch an alles gedacht?
Kostbare letzte Stunden,
bald für immer entschwunden.

Doch bleibt von dir die Erinnerung,
an der sich die Menschen freuen.
Dann weißt du, du hast's recht gemacht
und hast nichts zu bereuen.

Die längste Nacht

Dein Weg führt in die längste Nacht.
Dein Werk ist nun zu Ende gebracht,
doch fürchte nicht die Dunkelheit,
was dich erwartet ist die Ewigkeit.

Die Sterne und des Mondes heller Schein,
werden deine Wegbegleiter sein.
So ist die Nacht ganz hell und klar,
der Lichterglanz ganz wunderbar.

So dass du sicher wirst geführt
und kein Gefühl der Angst verspürst.
Und wenn du dann Dein Ziel erreicht,
die Dunkelheit für immer weicht.

Stehst im strahlend hellen Licht.
Drum vertrau mir: Fürcht' dich nicht.

Unbekannter Weg

Ich weiß nicht, wohin mein Weg mich führt.
Hab dennoch keine Angst verspürt.
Fühle mich sicher und geborgen,
liegt meine Zukunft auch verborgen.

Ich weiß, du wirst den Weg mir weisen,
auf diese meiner letzten Reisen.
Du bringst mich sicher an mein Ziel,
geschieht doch alles, wie Gott will.

So vertrau ich dir, wie alle Zeit,
führt der Weg auch in die Unendlichkeit.

Die Nacht ist schwarz

Die Nacht ist schwarz, die Nacht ist kalt.
Langsam vergeht die Zeit,
es dauert eine Ewigkeit.
Frag nicht nach gestern
und nicht nach morgen.
Der Schöpfer wird schon sorgen,
doch weiß er auch, wie ich geliebt
und dass wenn er mir den Frieden gibt,
meine Frau vergeht vor Schmerz.
Ach, wie weh ist mir ums Herz!

Die letzten Blätter fallen von den Bäumen.
Weiß ich wohl, dass es meine letzten Tage sind.
Abschiedsschmerz weht in meinen Träumen,
doch weiß ich wohl, dass Schmerzen auch
vergänglich sind.
Im auf und nieder unseres Strebens.
Im Kommen und im Gehen,
liegt wohl der Sinn des Lebens.
Gewesenes es muss verwehen,
aus ihm wird Neues auferstehen.

Eine neue Beziehung wir erreichen.
Der Schmerz der Trauer wird dann weichen.
Die Traurigkeit langsam verklingt,
da uns beiden die Erlösung winkt.
Doch erst heißt es den Schmerz zu überstehen,
denn bald schon muss ich von dir gehen.

Wo liegt der Sinn

Zeit und Raum, wo liegt der Sinn?
Ich weiß, dass ich vergänglich bin.
Geburt, der Anfang des Verderbens.
Geburt, der erste Tag des Sterbens.
Tod, der Anfang, der Beginn,
wo liegt denn darin wohl der Sinn?

Die Zeit dazwischen leere Zeit,
was zählt ist nur die Ewigkeit.
Geboren und dem Tod geweiht,
dazwischen liegt so wenig Zeit,
um zu erreichen, was ich will,
um zu erkennen, was mein Ziel.

Wozu macht alles seinen Sinn,
wenn ich doch vergänglich bin?
Nur um das Ende dann zu erreichen,
Zeit und Raum werden dann weichen,
um in die Ewigkeit zu gelangen.
Das Leben wird erst dort anfangen.
Lebe, wenn ich gestorben bin,
das ist wohl der wahre Sinn.

Äste, die zum Himmel ragen

Meine Äste ragen zum Himmel empor,
durch die Blätter blitzt die Sonne hervor.
Die Sonne färbt die Blätter in golden
schimmernden Schein,
doch diese Idylle ein Trugbild nur soll sein.
Der Herbstwind bald sein Unwesen treibt,
mir nur noch wenig Zeit dann bleibt.

Bald schon verlier ich all mein Laub,
auch wenn ich heut noch nicht dran glaub.
So weiß ich doch, es muss geschehen.
Meine Blätter wird der Wind verwehen.
Bis dahin ist es nicht mehr weit,
doch bleibt mir noch ein wenig Zeit.

Wo Ihr Euch könnt an mir erfreuen,
um dann zu sagen: Es ist nichts zu bereuen.
Mit dem Laub ich dann auch meine Würde verlier
und dann ist`s besser, ich bin nicht mehr hier.
Ich weiß, Ihr würdet den kahlen Baum auch
verehren,
doch will ich den Anblick Euch verwehren.

Drum werde ich auch in den letzten Tagen,
meine Äste für Euch in den Himmel ragen.

19

Wohin?

Wohin, wohin?
Wohin bist Du entschwunden?
Hab Dich täglich gesucht
und doch nicht gefunden.
Hab gelitten, geweint
und Dich so vermisst.
Doch nun,
nun weiß ich wo Du bist.
In meinem Herzen,
da trag ich Dich täglich bei mir,
denn meine Liebe,
die gehört auf ewig nur Dir!

***

Ein Sonnenstrahl

In der Mitte der Nacht,
beginnt bereits der neue Tag.
Und ist unsere trauernde Seele auch
von schwarzen Wolken verhüllt,
so bricht doch irgendwann ein
Sonnenstrahl durch,
ein kleiner heller Schein in der Dunkelheit.

Gehe auf den strahlenden Schein zu.
Fürchte Dich nicht durchs Dunkel zu wandern.
Hab' die Kraft, die Dinge anzunehmen,
die Du nicht ändern kannst
und erkenne, dass bereits der erste Schritt
auf das Licht zu,
ein Schritt in ein neues Leben ist.

Ein Leben, in dem nichts mehr so sein wird,
wie es war.
Und das Dir doch die Möglichkeit bietet,
etwas Neues anzufangen.
Du wirst mit Deinem geliebten Menschen eine
neue Beziehung haben.

Und irgendwann wirst Du zurückschauen
können mit sehr viel Wehmut und Traurigkeit
und doch auch mit tiefer Dankbarkeit,
diesen Menschen ein Stück seines Lebens
begleitet haben zu dürfen.

Und so wird er Dich nun begleiten
und immer an Deiner Seite sein,
auch wenn Du ihn nicht sehen kannst,
Deine Seele wird ihn fühlen
und Dein Herz seine Liebe spüren
und diese Liebe wird Dein trauerndes
Herz heilen,
denn der Tod war zwar das Ende seines
Lebens auf Erden
aber nicht das Ende Eurer Beziehung.

Sie verwandelt sich nur,
denn was Liebe war,
wird immer Liebe bleiben.

Zur Ruh begeben

Eisig der Wind übers Land nun fegt,
eine weiße Schneedecke über alles legt.
Bäume und Wiesen zugedeckt,
man kaum noch Leben wo entdeckt.
Stille sich hernieder senkt,
fast wie wenn die Natur sich denkt:

"Jetzt leg ich mich zum Schlafen nieder,
um im nächsten Frühjahr wieder,
zu vollem Leben zu erwachen."
Vielleicht tut`s der Mensch auch so machen?
Sich erst einmal zur Ruh begeben
und auferstehen im neuen Leben.

Was wahre Liebe war

Was wahre Liebe war,
wird immer Liebe bleiben.
Und knicken auch die Bäume,
unter der Last des Schnees.
So bleibt doch die Liebe.

Und geht die Sonne auch unter,
um der Finsternis der Nacht Platz
 zu machen.
So bleibt doch die Liebe.

Und verstummen auch die Vögel
mit ihrem Gesang,
um sich zur Ruhe zu begeben.
So bleibt doch die Liebe.

Die Kälte, die Dunkelheit und die Stille
legen sich auf unser Herz.
Doch dieses ist so erfüllt von Liebe,
dass sie uns selbst an dem kältesten
Wintertag,
ein strahlendes Licht schickt
in der dunkelsten Nacht.

Und selbst die Stille vermag sie zu besiegen,
denn sie ist der helle Klang,
der unser Herz zum Schwingen bringt
und der erst verstummt,
wenn auch wir den letzten Atemzug getan:

Denn was wahre Liebe war,
wird immer Liebe bleiben.

Bäume

Bäume mit goldener Kronenpracht,
Laub fällt herunter sanft und sacht.

Zeigt, dass alles einmal vergeht.
Der Herbststurm dann die Blätter verweht.

Doch irgendwo fällt ein Blatt hernieder.
Wächst daraus neues Leben wieder?

Du bist

Du bist zwar fort und dennoch da.
Du bist so fern und doch so nah,
Du bist gestorben und doch nicht tot,
denn in all meiner Seelennot
und der Trauer mit ihren Schmerzen:
Trag ich Dich dennoch in meinem Herzen.

31

Herz verschenkt

Du musst durchs Tal der Tränen,
für lange Zeit nun gehen.
Viel Leid und auch die Schmerzen
 der Sehnsucht überstehen.
Und wenn du denkst, nun ist
die Trauer überwunden,
dann wirst du schnell erkennen,
sie ist nie ganz verschwunden.

Wirst viele lange Wochen
durch Dunkelheit noch wandern.
Kein Tag wird sich mehr gleichen,
kein einziger dem anderen.
Und oft wirst du Dich fühlen,
wie wenn Dein Herz zerrissen,
doch dann wirst du erkennen:
Man hat's dir rausgerissen.

Denn dein Herz und deine Liebe,
waren doch für ihn bestimmt,
wenn soll es da noch wundern,
dass er es mit sich nimmt.
Am besten du begreifst,
so schnell es für dich geht,
was keiner sonst kann wissen,
was niemand sonst versteht:

Dass dir ein deinem Leben,
ein wichtiger Teil nun fehlt.
Und kommt was kommen mag,
für dich es nicht mehr zählt.
Egal was auch geschieht,
es kann dich nicht zerstören,
denn eins das weißt du sicher:
Ihm wird dein Herz gehören.

Dein Leben lebst du weiter,
egal wie schwer es scheint.
Immer mit dem Wissen,
irgendwann seid ihr vereint.
Diese Hoffnung wird dich trösten,
mit unendlicher Kraft,
dass du den langen Weg
aus dem Tal der Tränen schaffst.

Doch die Trauer wird nicht enden,
sie wird nie mehr vergehen.
Denn dein Herz hast du verloren,
musst nun ohne es bestehen.
Doch macht dich das nicht traurig,
wenn du es recht bedenkst.
War es das doch was du wolltest:
Du hast ihm ja dein Herz geschenkt.

Grüne Natur

Im satten Grün leuchtet die Natur,
doch heut, wo sind die Farben nur?
Hat sich verändert über Nacht,
den Herbst uns schnell ins Land gebracht.
Stürme ziehen nun auf,
der Zeitenwechsel nimmt seinen Lauf.

Natürlich wusste ich, dass es geschieht,
doch ehe man sich's recht versieht.
Ist alle Sonne fort gewichen,
das satte Grün total verblichen.
Die Natur macht sich durch die Herbstzeit,
nun langsam für den Winter schon bereit.

Da wird's dann keine Farben geben,
fast wie erloschen all das Leben.
Es ist dann nur noch grau und kalt.
Mich fröstelt es, es geschieht so bald.
Durch nichts, lässt sich die Zeit anhalten,
um zu entgehen, der grauen Kalten.

Ich weiß, nun dauert's nicht mehr lang.
Mein Herz ist schwer, mir ist so bang.

Ich schenk Dir meine Tränen

Ich schenk Dir meine Tränen,
die ich um Dich geweint.
Muss mich täglich nach Dir sehnen
und wünschte, wir wären noch vereint.
Doch Du hast mich verlassen,
ich blieb allein zurück.
Oft kann ich es noch nicht fassen,
warst doch mein Lebensglück.
Doch schmerzt mich auch die Trauer,
die sich in mein Herz gebrannt,
so weiß ich doch genauer:
Bin dankbar, Dich gekannt.

Hast mir so viel gegeben,
was ich heut in mir trag'.
Du lehrtest mich das Leben
und dass ich nie verzag.
Egal, was auch geschehe,
alles hat seinen Sinn.
So, dass ich heut' verstehe,
wie dankbar ich Dir bin.
Drum schenk' ich Dir meine Tränen
und ein Lächeln auch dazu,
doch werd' mich weiter sehnen,
denn mein Leben, das bist Du.

Die Frage nach dem Warum

Oft frag' ich nach dem "Warum".
Die Antwort bleibt aus, alles bleibt stumm.
Kann nicht begreifen und auch nicht verstehen,
warum ist's vorbei, warum musstest du gehen?
Kann's nicht ertragen und auch nicht verschmerzen,
fühle dich ständig in meinem Herzen.
Will nicht vergessen, nicht aufhören zu leiden,
wäre das doch Betrug, an uns beiden.
Ist ein harter Preis, den ich nun zahl',
denn nie hört es auf, nie endet die Qual.

Gibt keine Antwort als ich nach
dem "Warum" gefragt,
doch eins hat mein Inneres mir gesagt:
Stell' keine Fragen, die doch keiner hört.
Hör auf zu klagen, da es nur zerstört.
Nimm einfach an, was vom Schicksal bestimmt,
dass wenn man dir das Liebste nimmt -
egal "warum" der Schmerz doch nicht zu ertragen,
doch hilft es nicht sein Los zu beklagen.
Sei dankbar, dass du die wahre Liebe empfunden,
denn durch die seid Ihr auf ewig verbunden.

39

Der Baum

Verloren all meine Blätterpracht,
was es das doch, was mich ausgemacht.
Steh trotzdem stark im Septemberwind.
Wisst Ihr, wie meine Gefühle sind?
Seht nur, dass ich fest am Boden steh.
Wisst Ihr, wie tut es schrecklich weh?

Wenn man verloren, was zu einem gehört.
Wenn man sich fühlt, wie selbst zerstört.
Wie ein wichtiger Teil nun fehlt.
Wisst Ihr denn, wie der Schmerz mich quält?
Ihr seht nur, wie empor ich rage,
standhaft wie all die anderen Tage.

Mit dem Laub trug ich zwar schwer an Gewicht,
doch diese Last, die störte nicht.
Ihr hört das Ächzen meiner Äste im Wind.
Ihr wisst nicht, dass es meine Klagen sind.
Doch wenn Ihr meinen Stamm berührt,
Ihr das Harz unter Euren Fingern spürt.
Für Euch zählt es später als edler Bernstein.
Vergesst dabei: Es sind die Tränen, die ich wein!

41

Glaube, Liebe, Hoffnung

Wenigstens für einen kurzen Augenblick,
wünschte ich, du kämst zurück.
Vielleicht auch nur für eine Stund'
oder ein Wort aus Deinem Mund.

Doch Wünsche werden nicht oft erfüllt.
Die Welt um mich, sich in Schweigen hüllt.
Antwortet nicht auf meine vielen Fragen,
hört nicht, was ich dir will noch sagen.

Lässt mich allein in der Stille zurück.
Erloschen all mein Lebensglück.
Und doch hör ich nicht auf zu flehen,
darum zu bitten, dich wieder zu sehen.

Denn solange mir die Hoffnung bleibt,
sie damit auch die Angst vertreibt.
Und das was jetzt verloren scheint,
am Ende doch wieder vereint.

Dieser wichtige Glaube ist meine
tröstende Quell.
Durch die Hoffnung und den Glauben
wird mein Leben hell.

So erlang ich doch mein Seelenheil,
doch fehlt noch ein entscheidender Teil.

Die Liebe, sie ist die größte Macht,
vertreibt Schatten einer dunklen Nacht.
Sie mich so sehr noch an dich bindet,
dass allmählich die Stille auch verschwindet.

Die Fragen aufhören,
die meine Seele zerstören.
Dadurch konnt' sich mein Leben wenden.
Zu wissen, es ist nicht zu beenden.

Alles ist Anfang und Ende zugleich,
diese Erkenntnis macht mein Leben reich.
Die Hoffnung zu haben, auch wenn sie
manchmal fehlt.
Den Glauben zu behalten, egal was mich quält.

Die Liebe zu leben, mit all ihrem Schmerz,
drum trage ich drei Dinge in meinem Herz.
Drei, die sich tief in mein Herz gebrannt,
das was Glaube, Liebe und Hoffnung genannt.

Das Spiel

Die Blätter fallen langsam zur Erde.
In meiner Seele nie mehr Tag es werde.
Der Wind treibt mit den Blättern ein
fröhliches Spiel.
Das Schicksal mit mir, denn es nahm
mir so viel.
Doch muss ich auch leiden und
vieles ertragen,
will ich mich dennoch nicht weiter beklagen.
Hat man mir auch das Liebste genommen,
hab' ich doch so viel von Dir bekommen.
Du gabst meinem Herzen Wärme und Licht.
Sei sicher, das vergesse ich nicht.

Hoffnungsschimmer

Dicke graue Wolken ziehen am Himmel vorbei.
Ich denke zurück an die Zeit, wo wir noch zwei.
An all das, was uns verbunden.
Da sind die Wolken plötzlich verschwunden.

Dafür die Sonne vom Himmel strahlt,
goldene Lichter auf die Erde malt.
Und von dem Sonnenschein geweckt,
ein Vogel seine Flügel streckt.

Und sich hinauf schwingt in die Luft,
da rieche ich der Blumen Duft.
Nehme mit allen Sinnen wahr,
was die Natur mir bietet dar.

Alles was ich da erblickt,
ist, als wenn man mir ein Zeichen schickt,
dass gerade in den kleinen Dingen,
der Trost am besten kann gelingen.

Und dass auch, wenn alles grau in grau,
wenn ich nur ganz genau hinschau',
einen Lichtschein ich doch erkenn',
den ich Hoffnungsschimmer nenn'.

Und ist er auch noch so klein,
soll er doch meine Hilfe sein:
Mir Licht und Wärme hier zu geben,
denn ich muss ja weiterleben.

Verblasste Farben

Verblasst sind alle Farben,
die die Natur einst hat gemalt.
Am Ende ist es immer,
dass man die Rechnung zahlt.

Egal wie bunt das Leben,
manches Mal auch schien.
Es ist uns nicht geschenkt,
es wurde nur geliehen.

Denn eines ist unabwendbar,
es wird das Ende kommen
und dieses jetzige Leben,
das ist uns dann genommen.

Doch vielleicht ist dieses Ende,
wie der Winter der Natur.
Nicht alles ist vorbei,
sondern ein Übergang dann nur.

Um dann mit bunten Farben,
die schöner als zuvor,
wieder neu aufzuleben.
So stell ich mir das vor.

Nie endende Liebe

Ich schick meine Liebe in den Himmel.
Jeden Tag und jede Nacht.
Nichts verloren, nichts vergessen.
Tägliches Erinnern, was Dich ausgemacht.

Traurige Zeiten, zerbrochenes Herz,
den Schmerz fast überstanden.
Innige Gefühle, starkes Empfinden.
Dankbarkeit, dass wir uns fanden.

Banges Hoffen, verzweifeltes Sehnen,
nie endendes Vermissen.
Tröstendes Glauben, freudiges Erwarten
und das sichere Wissen.

Wir sehen uns wieder, nicht heute,
nicht morgen, irgendwann.
Und führen dann weiter, was hier auf Erden,
als nie endende Liebe begann.

Unmöglich

Unmöglich für mich, dich je zu vergessen.
Warst ja das Liebste, das ich besessen.
Denn dann würde ich dich ja für immer verlieren.
Eher würde die Hölle zu Eis gefrieren.

Unmöglich, nicht täglich an dich zu denken.
Will dir doch meine Liebe auf ewig schenken.
Denn täte das Vermissen nicht mehr so weh.
Eher gäb' es im Sommer viel Schnee.

Unmöglich, nicht zu wünschen, du kämst zurück.
Warst du doch meines Lebens Glück.
Denn ohne das Sehnen ertrage ich es nicht.
Eher erlischt der Sonne ihr Licht.

Unmöglich nicht zu hoffen, dich wiederzusehen,
vielleicht musstest du nur voraus mir gehen.
Und erwartest mich in der anderen Welt,
wo Sternenstaub hernieder fällt.

Die Sonne niemals untergeht,
der Mond trotzdem am Himmel steht.
Der Wind, ein leises Lied dann singt,
der wie Glockenklang erklingt.

Das Tor für mich weit aufgemacht,
das führt mich in die längste Nacht.
In der der Schlaf das Leben ist.
In der die Unendlichkeit du selber bist.

Und wenn vieles auch unmöglich scheint,
eines sicher uns doch stets vereint:
Die Liebe mit all ihrer Himmelsmacht,
die unmögliches, doch möglich macht.

Die Trauerweide am Friedhof

Ihre Äste fast den Boden berühren,
so steht sie da die Weide.
Als könnt sie all die Schmerzen spüren,
da wieder einer scheide.

Der nun seinen letzten Weg beschreitet
und dahinter mit schwerem Schritt,
der Trauerzug ihn nun geleitet.
Da steht sie nun und litt.

Als könnt sie so gut fühlen,
was mancher dann verspürt,
wenn Gefühle ihn aufwühlen,
weil er jemand verliert.

Und da so viele Tränen,
den Boden hier bedeckt,
wenn man sich muss nun sehnen.
Sie nie mehr ihre Äste streckt.

Sind ihre Wurzeln doch in der Erde,
die so viel Leid schon kennt,
sie immer trauriger werde,
bis man sie Trauerweide nennt.

Im Traum

Die Liebe überwindet Zeit und Raum,
drum seh' ich dich wieder, wenn auch im Traum.
Die Liebe lässt Brücken überwinden.
Ich weiß, wir werden uns stets wiederfinden.
Die Liebe kann Dimensionen durchschreiten,
so sind wir zusammen, wie in vergangenen Zeiten.

Heut im Traum, sah ich dich wieder,
so wie ich dich schon immer kenn.
Heut im Traum, spürte ich dich wieder.
Dich, dessen Namen ich täglich nenn.
Im Traum erscheinst du auf unbestimmte Zeit,
dann gehst du weg und bist unendlich weit.

Lass ich dich auch schweren Herzens gehen,
weiß ich doch, ich werd' dich wiedersehen.
Vielleicht in einem Traum oder in meiner
Phantasie,
egal wie es geschieht, du verlässt mich nie.
Und ist uns auch stets begrenzt die Zeit,
weiß ich doch, du bist nicht so weit.

Bist nur auf der anderen Seite des Raums
und erscheinst bald wieder, in Form eines Traums.
Ein Traum, der für mich so unendlich wichtig,
wird doch alles andere dagegen nichtig.
Denn wenn ich erwach, dann fühl ich mich gut,
schöpfe Kraft, Zuversicht und neuen Mut.

Denn ich weiß doch, Liebe überwindet Zeit
und Raum
und ich seh' Dich bald wieder, wenn auch nur
im Traum.

Immer

Immer, wenn ich den Wind höre, denke ich,
es ist deine Stimme, die zu mir spricht.
Immer, wenn sich die Wolken vor die
Sonne schieben,
denke ich, im Schatten dein Gesicht zu sehen.
Immer, wenn der Mond eine silberne
 Straße auf die Erde malt,
denke ich, es ist der Weg, auf dem du
 zu mir kommst.
Immer wenn die Sterne leuchtend
am Himmel stehen,
denke ich, dass es der Glanz Deiner Augen ist.
Immer wenn der Regen hernieder
prasselt und auf mein Gesicht fällt,
weiß ich, dass er sich mit meinen Tränen
vermischt.
Und dann denke ich,
egal was auch geschieht,
egal wieviel Zeit vergeht,
ich werde mich immer nach dir sehnen
und nie aufhören, dich zu lieben
 und zu vermissen.
Jetzt und für immer.

...

Und doch

Gerade dacht' ich, Du bist da.
an meiner Seite mir ganz nah.
Nur ein kurzer Moment ein Augenblick,
denn Du bist fort, kehrst nie zurück.

Und doch war mir, als hätte ich was gespürt,
als hättest Du mich sanft berührt.
Ein Trugbild nur der Phantasie,
denn Du bist fort und kommst gar nie
und doch vernahm ich Deiner Worte Laut
und hörte Deine Stimme, die mir so vertraut.

Kein Hirngespinst, keine Illusion:
"Ich ging zwar fort, doch nie davon,
Du sollst mich immer bei Dir wissen
und doch wirst Du mich so vermissen
und eines Tages dann erkennen
unsere Liebe wird nichts trennen".

Nebelschleier

Dicht senkt sich der Nebel übers Land.
Bäume verschwinden hinter einer weißen Wand.
Nicht mehr zu erkennen und doch da,
dem Auge fern und doch so nah.
Wüsste ich nicht, dass hier die Bäume stehen,
glaubt ich es nicht, denn ich kann sie nicht sehen.

Doch nur weil das Auge etwas nicht erkennt,
heißt es nicht, es ist getrennt.
Oft hinter einem Schleier nur verdeckt,
oder hinter tiefer Dunkelheit versteckt
und eigentlich doch zum Greifen nah,
bist auch Du so immer da?

Nicht zu sehen und doch zu wissen,
dass hinter all dem schmerzlichen Vermissen
doch die Gewissheit mich belohnt,
dass Du ganz nah bei mir wohnst.
So wie durch die Nebelwand,
ich die Bäume doch noch fand.

So wie ich dann erspäht
als der Schleier kurz verweht,
dass nach der Dunkelheit kommt Licht
und Du bist da, verlässt mich nicht.

Man muss nicht alles klar erkennen,
Dinge nicht beim Namen nennen.
Nicht verstehen und nicht begreifen.
Muss erst wachsen und auch reifen,
um dann als Gewissheit bewusst zu werden,
es gibt Dinge zwischen Himmel und Erden.

Und so wie der Nebel wieder steigt,
sich mir vielleicht Dein Gesicht dann zeigt.
Vielleicht, vielleicht auch nicht,
es fällt nicht ins Gewicht.
Ich weiß in meiner Nähe Dich
und dieses Wissen tröstet mich.

Nebel

Nebel legt sich übers Land.
Zu Ende nun, was uns verband.
Doch lichtet sich der Nebel dann,
vielleicht nicht heute - irgendwann.
Kann ich erkennen und klar sehen:
Meine Liebe, die wird nie vergehen.

Die letzte Rose

Ich seh' unsere letzte Rose,
nun an Deinem Grab.
Erinnert mich an vieles
und wie lieb ich Dich doch hab.

Der Rose schöne Blüte,
leuchtet in samtenen Rot.
Unsere Liebe blüht ewig
auch wenn Du jetzt bist tot.

Die Rose ist Symbol,
für unsere Liebeszeit.
Sie hegen und auch pflegen,
damit sie wachset und gedeiht.

Doch seh' ich auch die Dornen,
an denen man sich sticht.
So war auch unser Leben,
voll Schatten und viel Licht.

Da gab es auch Verletzung
und manchen bösen Streit,
haben alles überstanden
egal wie groß das Leid.

Die Liebe hat geholfen,
auch Schweres zu überstehen,
wir wollten uns nie trennen,
nie voneinander gehen.

Das Schicksal meint es anders,
es hat mich nicht gefragt.
Du musstest mich verlassen,
und ich hab nicht gesagt.

Wie sehr ich Dich doch liebe
und was Du für mich bist,
drum pflanz ich Dir die Rose,
damit Du nie vergisst:

Die letzte Rose
als Zeichen auf Deinem Grab,
soll Dir auf ewig sagen,
wie lieb ich Dich doch hab!

Liebe für die Ewigkeit

Die Zeit vergeht,
aber die Liebe bleibt.
Der Schmerz wird erträglicher,
aber die Liebe bleibt.
Die Erinnerung an die schlimme Zeit
wird verblassen,
aber die Liebe bleibt,
denn unsere Liebe ist für die Ewigkeit!

Wahre Liebe nie vergeht

Vorbei, vorbei mein Liebesglück.
Du bist fort, kommst nicht zurück.
Doch bist Du wirklich weggegangen?
Hält Dich auf Erden nichts gefangen?

Sind wir nicht immer noch verbunden,
durch die Liebe, die wir empfunden?
Ist sie nicht das stärkste Band,
welches auch nicht des Todes Hand,
schafft es einfach zu durchtrennen?
Oder lern ich jetzt erst kennen?

Was wahre Liebe wirklich heißt.
Denn dann dieses Band niemals zerreißt.
Wenn Gefühle auch nach vielen Jahren,
immer noch die gleichen waren.
Wenn nichts vorbei und nichts beendet,
das Liebesglück sich nur etwas wendet.
In anderer Form weiter besteht:
Denn wahre Liebe nie vergeht!

Wie die Sterne in der Nacht

Leuchtende Sterne in schwarzblauer Nacht.
Silberne Straße vom Monde gemacht.
Säuselnder Wind, der vom Meer hier her weht.
Dunkelheit, die am Morgen vergeht,
um den Tag neu zu begrüßen,
mit den Erlebnissen, den süßen,
doch auch die Bitten werden Dich ereilen,
länger oder kürzer bei Dir verweilen.

Vielleicht für lange Zeit nicht weichen,
sodass Tag und Nacht sich gleichen.
Die Dunkelheit nicht mehr verschwindet,
die Traurigkeit sich an Dich bindet,
um auf unbestimmte Zeit nicht zu verlassen, bereit.

Doch egal, was auch die Trauer aus Dir macht,
sieh in der Dunkelheit der Nacht,
wenn auch nur in weiter Ferne,
das helle Leuchten vieler Sterne
und des Mondes heller Schein,
denn sie werden Deine Anregung sein
zu erkennen, dass umso größer nun Dein Schmerz,
umso reicher ist Dein Herz
und was Dich schmerzlich aufgewühlt.
Du früher, als Liebe hast gefühlt.

Und die Erinnerung daran,
Dir niemals jemand nehmen kann.
Sie sind wie die Sterne in der Nacht,
es liegt an Dir, was Du daraus machst.
Fühl sie nicht mit den Sehnsuchtsschmerzen,
trag sie mit Dankbarkeit im Herzen.

Denn so wie das Leuchten der Sterne in
dunkler Nacht,
sind die Erinnerungen als Trost gedacht.
Drum lass sie niemals mehr verblassen,
denn sie sind das, was er Dir hinterlassen.

Unsterbliche Liebe

Liebe ist unsterblich,
das weiß ich genau,
drum seh' ich Dich immer,
wohin ich auch schau.

Ich spüre Deine Hand
auf meinem Gesicht,
doch weiß ich genau,
real ist das nicht.

Ich höre Deine Stimme,
wo auch immer Du bist,
doch weiß ich genau,
dass es nur Phantasie ist.

Und seh' ich Dein Gesicht
plötzlich vor mir,
weiß ich doch genau,
Du bist nicht mehr hier.

Doch wohin ich auch geh,
wohin ich auch schau,
ich spür Deine Nähe,
das weiß ich ganz genau.

Denn eins weiß ich sicher,
auch wenn Du nicht bei mir bist,
Deine Liebe bleibt,
weil Liebe unsterblich ist.

Zeit der Trauer

Viel Zeit ist vergangen, seitdem Du nicht mehr bist.
Bin in Trauer gefangen, wie wirst Du vermisst.
Ich fühl mich verloren, so schrecklich allein
und wünschte mir täglich, doch bei Dir zu sein.

Doch Dein Weg ist zu Ende, der meine noch nicht.
So wisch ich mir tapfer die Tränen vom Gesicht,
denn ich weiß, Du möchtest mich nicht
weinen sehen.
So werde ich meinen Weg auch weitergehen.

Und ist es auch schwer, so ist eins doch klar.
Mit jedem Schritt komme ich Dir nah,
denn jeder Tag, den ich kann überstehen,
ist ein Tag näher an unserem Wiedersehen.

Das sind mein Trost, meine Hoffnung, mein Licht,
denn eines ist sicher: Ich vergesse Dich nicht,
denn die Liebe ist ein so starkes Band,
dass auch der Tod keine Möglichkeit der
Trennung fand.

So lebe ich weiter bis zu unserem Wiedersehen
und durch dieses Wissen, werd' ich die
Zeit überstehen.